CORAÇÃO LIVRE

Educação dos sentimentos para uma
vida equilibrada e madura

Conheça nossos clubes

Conheça nosso site

- @editoraquadrante
- @editoraquadrante
- @quadranteeditora
- Quadrante

ALEXANDRE HAVARD

CORAÇÃO LIVRE

Educação dos sentimentos para uma vida equilibrada e madura

Tradução
Diego Fagundes

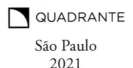

São Paulo
2021

Título original
Free Hearts

Copyright © 2021, Alexandre Havard

Capa
Douglas Catisti

Dados Internacionais de Catalogação na Publicação (CIP)

Havard, Alexandre
 Coração livre : educação dos sentimentos para uma vida equilibrada e madura / Alexandre Havard; tradução de Diego Fagundes. – São Paulo : Quadrante, 2021.
 Título original: *Free Hearts*
 ISBN: 978-65-89820-14-7
 1. Conduta de vida 2. Vida cristã 3. Virtudes I. Título
CDD 241.4

Índice para catálogo sistemático:
1. Conduta de vida : 2. Vida cristã 3. Virtudes 241.4

Todos os direitos reservados a
QUADRANTE EDITORA
Rua Bernardo da Veiga, 47 - Tel.: 3873-2270
CEP 01252-020 - São Paulo - SP
www.quadrante.com.br / atendimento@quadrante.com.br

Sumário

Prefácio 7

Nota do autor 11

Capítulo 1 - O coração: fonte e centro 15

Capítulo 2 - A espiritualidade do coração 21

Capítulo 3 - O racionalista 29

Capítulo 4 - O voluntarista religioso 37

Capítulo 5 - O voluntarista másculo 43

Capítulo 6 - O voluntarista ideológico 47

Capítulo 7 - O voluntarista conformista 53

Capítulo 8 - O sentimentalista voluptuoso 57

Capítulo 9 - O sentimentalista insano 61

Capítulo 10 - O sentimentalista covarde 65

Capítulo 11 - Corações secos 69

Capítulo 12 - Corações feridos 77

Capítulo 13 - A beleza 83

Capítulo 14 - A grandeza 93

Capítulo 15 - O amor 99

Capítulo 16 - Liberdade 105

Capítulo 17 - A misericórdia 111

Capítulo 18 - O sofrimento 119

Conclusão 125

Prefácio

Fui convidado pelo presidente da Comissão Queniana para a Implementação da Constituição a apresentar meu sistema de liderança virtuosa a cinquenta autoridades locais – incluindo deputados, senadores e governadores. O convite também envolvia uma sessão de perguntas e respostas ao final da minha fala.

Foi a primeira vez que me dirigi a uma plateia de políticos. Um deles, Gerald Otieno Kajwang, ficou de pé.

Senador conhecido, Kajwang era um sujeito alto e corpulento que já se envolvera mais de uma vez em embates físicos com outros políticos quenianos. Era conhecido por seu senso de humor.

Ele pegou o microfone: «Alexandre, você está pregando para o público errado. Nós somos políticos precisamente porque não somos gente virtuosa. Todos somos ladrões, talvez até criminosos. Esse é o nosso trabalho».

Fui pego de surpresa pela sinceridade dele, mas retruquei: «Senhor, o fato de você ser ladrão e criminoso não é o problema».

Igualmente surpreso, Kajwang sentou-se de volta na cadeira.

«Não, o problema não é o fato de você ser mau. O problema é o fato de você ser pequeno. O problema do mal não é o mal em si. É a diminuição da pessoa, o encolhimento do coração, o atrofiamento do espírito que ele acarreta e a catástrofe estética que provoca. Seu problema é a diminuição de seu ser. Estou aqui para ajudá-lo a consertar esse problema, pois uma pessoa pequena é uma pessoa feia».

Kajwang manteve-se em humilde silêncio. Um ano depois, aos 55 anos, sofreu um ataque cardíaco e não resistiu. Mais tarde, fiquei sabendo que havia mudado profundamente nos anos que antecederam sua morte: havia convertido seu coração. Ele tinha abandonado o coração fraco e ingressado no sublime domínio da magnanimidade, da grandeza e da beleza. Kajwang se tornara um homem livre e magnífico.

Muitos podem até aceitar a pecha de mau, mas poucos gostam de ser vistos como feios. Muitos toleram o fato de serem pessoas de má vontade, mas poucos estão preparados para reconhecer que seus corações são murchos. Uma educação do coração: é disso que precisamos se queremos voar como águias em vez de bater asas inutilmente, como uma galinha.

Mombaça, Quênia
Julho de 2013

Nota do autor

Diferentemente de um animal cuja vontade é determinada pelo instinto, o homem tem livre-arbítrio e é capaz de fazer escolhas. Para além dessa liberdade básica (isto é, desse livre-arbítrio), no entanto, há uma liberdade superior – uma liberdade do coração.

Um coração livre é um coração acostumado a dizer «sim» a valores transcendentes, aos impulsos e inspirações divinas que se manifestam nas profundezas de nosso ser. A amplitude da nossa liberdade depende da frequência e da intensidade com a qual dizemos «sim».

Podemos alcançar essa liberdade do coração quando trabalhamos intensamente nosso eu interior. Trata-se de mais do que «fazer alguma coisa», mas de permitir que sejamos amados.

29 de janeiro de 2018

Capítulo 1
O coração: fonte e centro

Há no homem três centros de liberdade e responsabilidade: a razão, a vontade e o coração. A razão e a vontade são faculdades exclusivamente espirituais. O coração é espiritual e físico ao mesmo tempo.

Esses centros não são independentes: só podem ser desenvolvidos de maneira conjunta. Se um dos três elementos fica isolado dos outros, corrompe a si próprio e a totalidade do organismo humano. O racionalismo (ênfase exclusiva na razão), o voluntarismo (ênfase exclusiva na vontade) e o sentimentalismo (ênfase exclusiva no coração) paralisam o homem e o tornam infeliz.

O coração, por ser uma força a um só tempo espiritual e física, é a parte mais complexa da personalidade humana, mas é também a mais preciosa. O homem vale aquilo que vale seu coração. O coração do homem é seu «eu» mais íntimo. É o coração do homem, e não seu intelecto ou sua vontade, o que sente felicidade.

O coração é a fonte da vida física e psíquica. É também a fonte da vida espiritual: o coração é, como bem afirmou Blaise Pascal, o fundamento da razão e da vontade.

É o fundamento da razão: ele capta imediata e intuitivamente a *existência* de coisas que não podem ser provadas de maneira lógica[1]. O coração, portanto, estabelece o ponto de partida da razão e do conhecimento.

É também o fundamento da vontade: ele apresenta de maneira igualmente imediata e intuitiva os *objetivos* de nossa existência que dão à vontade sua direção (a escolha fundamental que fazemos, muitas vezes inconscientemente, entre o Criador e as criaturas, entre Deus e o «eu»).

Não há homem sem coração nem homem cujo coração seja vazio. O coração não pode ser vazio. Ele está sempre cheio. Contém o bem (visão, motivação) e o mal (cegueira, impotência); e, se o bem diminui, o mal aumenta instantaneamente.

O coração não é apenas a fonte da personalidade: é também seu centro. O coração é o centro de nossos afetos. *Porque onde está o teu tesouro, lá também está teu coração* (Mt 6, 21).

O coração é também o centro da nossa relação com Deus. É sobretudo no coração do homem que Deus age, mesmo que Ele também aja, de maneira secundária, na mente e na vontade. O coração é o órgão de comunhão entre o homem e Deus: «Deus é mais íntimo de mim do que eu mesmo», afirma Santo Agostinho, uma vez que somente Deus sabe o que acontece nas profundezas do nosso coração e conhece a sinceridade com que respondemos às suas inspirações.

O coração ocupa um lugar privilegiado na poesia, na literatura e na religião (principalmente na Bíblia). Assume lugar de destaque em algumas tradições, como a russa. Piotr Chaadáyev, Vladimir Soloviov, Pavel Florensky...

---

(1) O coração às vezes consegue apreender a *essência* das coisas («O que é isto?»), mas jamais deixa de apreender a *existência* delas («Será que isto realmente existe?»).

Tanto por meio de suas vidas quanto de seus escritos, esses filósofos deram testemunho da importância do coração. Por outro lado, na filosofia clássica grega e ocidental (embora haja exemplos como Santo Agostinho, Blaise Pascal e Dietrich von Hildebrand), o coração é pouco valorizado, e o lugar que ele ocupa (quando chega a fazê-lo) é quase irrelevante comparado ao lugar da mente e da vontade.

Embora tenha escrito coisas muito belas a respeito do amor, Platão, em seu sistema filosófico, confere à mente um lugar único e de importância desproporcional. Aristóteles, por sua vez, afirma que o homem verdadeiramente virtuoso sente alegria ao praticar a virtude, mas coloca toda a sua ênfase no intelecto e na vontade. O coração, para ele, não é uma faculdade espiritual; ao contrário, limita-se às esferas fisiológica e psíquica, ao mundo irracional partilhado tanto pelos homens quanto pelos animais.

A filosofia da antiguidade grega transfere os atributos espirituais do coração para a inteligência e para a vontade.

Antes que Aristóteles fosse descoberto, o Ocidente fora guiado intelectualmente por Santo Agostinho, autor das *Confissões*. Para ele, o coração é uma faculdade tanto física quanto espiritual, ainda que não esteja no mesmo nível da razão e da vontade. Todavia, a partir do século XII, Aristóteles e sua visão minimalista do coração passam a dar as cartas na Europa. É somente com Pascal, no século XVII, que a «questão do coração» vem a ocupar o primeiro plano das discussões. Infelizmente, não foi Pascal, e sim René Descartes, contemporâneo seu, que transformou o Ocidente naquilo que ele veio a se tornar. Descartes não se interessa pelo coração porque o coração não pode demonstrar *matematicamente* a verdade de suas certezas. Somente a razão conta – de modo especial, a razão *matemática*. Aqui, caímos no racionalismo fanático. Se Platão e Aristóteles não foram capazes de «descobrir» o coração, Descartes o descobriu apenas para destruí-lo no instante seguinte.

Seja como for, o Ocidente enfatizou o lugar da mente e da vontade na vida do homem, ao passo que o Oriente deu ao coração muito mais atenção. É por isso que o Ocidente muitas vezes acusa o Oriente de sentimentalismo, ao passo que o Oriente vai reprovando o racionalismo e o voluntarismo ocidental. Ambas as abordagens, porém, são falsas se não levam em conta um fato elementar, qual seja: coração, mente e vontade só podem funcionar juntos. Só se pode praticar o bem tendo um coração puro, uma inteligência iluminada e uma vontade forte.

Capítulo 2
A espiritualidade do coração

Em sua dimensão fisiológica e psíquica, a afetividade humana lembra a afetividade animal. Os homens, assim como os animais, têm emoções positivas: o amor, o desejo, o prazer, a esperança e a ousadia; bem como emoções negativas: o ódio, a aversão, a tristeza, o desamparo, o medo e a raiva[1].

A afetividade dos animais não tem ramificações morais. Isso não vale para os seres humanos. As emoções humanas passam a ter qualidade moral (isto é, podem ser classificadas como «boas» ou «más») no momento em que mobilizam a razão e a vontade. A raiva que sinto de alguém que foge com a minha esposa é boa e justa, mas quando um homem frustra meus planos de fugir com a esposa *dele*, a raiva que sinto é má. Nossas virtudes enobrecem nossas emoções; nossos vícios as corrompem.

Assim como os animais, os homens invariavelmente experimentam emoções de tipo físico. Ao contrário deles, porém, podem experimentar emoções de nível superior: um

---

(1) No Ocidente, essas sensações são frequentemente chamadas de «paixões», ao passo que, no Oriente, o termo «paixões» refere-se exclusivamente às inclinações perversas da natureza humana. Para evitar confusões, não usarei o termo «paixão».

entusiasmo santo, um amor desinteressado, uma gratidão profunda, uma contrição arraigada, um perdão sincero, uma compaixão ativa, uma ira justa em face de certa injustiça praticada contra o próximo...

É fácil notar a diferença entre as emoções de tipo físico, comuns aos seres humanos e aos animais, e as superiores, de tipo espiritual, próprias dos humanos. Podemos chamar essas últimas de «sentimentos».

Um sentimento de ordem espiritual é fruto de uma resposta do coração a certos valores que nos tocam na profundidade do nosso ser. A emoção provocada em nós por um exemplo excepcional de virtude ou pela beleza que observamos na natureza ou na arte é uma emoção que mobiliza nossa liberdade. Essa emoção é consequência do «sim» que o coração pronuncia, de nossa aquiescência – tantas vezes inconsciente – ao bem que nos arrebata. Uma tal resposta nos transforma interiormente e nos eleva. Lança as bases da virtude porque esta, antes de ser uma força dinâmica, deve ser para nós um *valor*. Antes de ser um hábito que praticamos, uma capacidade nobre e uma orientação estável apontada para a ação, a virtude deve ser *contemplada e estimada*. Antes de ser praticada, ela deve ser *desejada*.

Como escreveu Dietrich von Hildebrand em *O coração*: «Uma pessoa só pode desenvolver toda a riqueza espiritual que foi chamada a desenvolver se for trespassada e imbuída dos valores que observa, e apenas quando seu coração é agitado e incendiado por esses valores, respondendo a eles com o fogo da alegria, do entusiasmo e do amor». O humilde é aquele que se permite emocionar facilmente e não tem vergonha de suas emoções.

A afetividade espiritual é transcendente porque nos coloca em contato com realidades maiores do que nós mesmos. Não se trata de espiritualizar emoções do tipo fisiológico ou psíquico, mas de experimentar emoções espirituais ou transcendentes que nos transformam, nos purificam e nos inflamam.

A liberdade é o atributo de um coração acostumado a dizer «sim» a valores transcendentais. O «sim» exige de nós a humildade que nos predispõe a atentar aos chamados da beleza, da verdade e do bem. O homem orgulhoso não se permite emocionar por valores transcendentes porque está convencido de que não há nada maior do que ele mesmo neste mundo. Acha que é ele quem deveria causar emoção. O orgulho é o maior obstáculo à educação do coração.

Quanto mais mobilizadas forem a razão e a vontade na resposta do coração aos valores transcendentes, mais espiritual será essa resposta. É o coração, no entanto, que tem acesso privilegiado aos valores. Basta observar o comportamento das crianças: elas percebem muitas coisas, e as fazem apenas com o coração. A educação do coração começa no útero da mãe, muito antes da educação da inteligência e da vontade. E as marcas deixadas pela educação do coração na nossa personalidade são muito mais profundas do que as deixadas pela educação da vontade e da mente.

O homem é maior do que a soma de seus conhecimentos ou das coisas que pode controlar por meio da vontade. Seu ser adentra mistérios profundos, que vão muito além do que ele tem condições de conhecer e fazer. Há coisas sagradas – grandes intuições, sensações elevadas, emoções santas – que Deus produz no coração das pessoas humildes. Essas coisas sagradas são um dom gratuito do Criador.

As profundezas do coração não são as profundezas do subconsciente, mas profundezas místicas: são as profundezas da comunhão entre o Criador, suas criaturas e o mundo criado. As profundezas do subconsciente, por sua vez, são psicológicas e incomunicáveis por natureza.

Por alguma razão, pode ser que nossa afetividade fique «anestesiada» por períodos mais ou menos longos. O coração, frio e seco, parece ter morrido. São João da Cruz, místico espanhol do século XVI, deu a esse fenômeno o nome de «noite escura dos sentidos»[2]. Trata-se de uma experiência inegavelmente existencial que nos purifica de todo sentimentalismo: a partir dela, deixamos de desfrutar de nossas emoções porque já não temos mais emoção nenhuma.

No entanto, *querer* entrar na noite escura dos sentidos é loucura! Deus não nos criou para nos amputar. O caminho normal rumo à perfeição é o do Rei Davi: *Meu coração e minha carne exultam pelo Deus vivo* (Sl 83, 3). A capacidade que temos de nos emocionar pelo bem e pela beleza é uma força – e não uma fraqueza – em nosso caminho rumo à perfeição.

João Paulo II, o primeiro papa eslavo da história, tinha um potencial extraordinário para a afetividade – e a tal ponto que um americano amigo meu, professor de antropologia, certa vez declarou: «Ele foi o papa mais erótico do século XX». Naturalmente, meu amigo se referia ao erotismo platônico, à emoção sublime que emerge por meio do contato com a beleza tangível e eleva a alma para que possa desfrutar da graça celestial.

João Paulo II não tinha medo de seu capital afetivo porque aprendera a amar as pessoas no coração de Cristo. Ele havia aprendido a descobrir na beleza das pessoas a beleza do próprio Deus.

Não devemos temer nossa capacidade para a afetividade. O que devemos temer é o ato de amar as pessoas ou as coisas com um amor que não é o de Jesus Cristo. Somente o coração de Cristo pode nos proteger dos desvios afetivos causados pelo Pecado Original, em particular a concupiscência.

---

(2) Cf. sua *A subida ao Monte Carmelo*.

«Ama e faz o que queres»[3], disse Santo Agostinho. Antes de fazermos o que queremos, é importante termos certeza de que amamos como Cristo ama: isto é, de que amamos no coração de Cristo. Para isso, devemos praticar a virtude da sinceridade – para com Deus, para com nós mesmos, para com os outros.

Ó meu Deus, criai em mim um coração puro (Sl 50, 12). A purificação do coração é um processo que dura a vida inteira – não tem fim, assim como não pode ter fim o esforço por submeter nossa inteligência e nossa vontade à inteligência e à vontade divinas.

Seja como for, costuma ser mais difícil aceitar as exigências do Coração de Jesus do que os mandamentos da sua lei. Quando Cristo condenou o divórcio, ninguém o abandonou, ainda que muitos tenham sentido que seus ensinamentos nesse quesito eram demasiado severos. Quando, porém, Ele afirmou que seu Corpo e seu Sangue eram alimento indispensável para a vida da alma, as multidões se revoltaram e o abandonaram para sempre. Seus corações estavam doentes – mais doentes do que suas mentes. O jovem rico que obedecia aos mandamentos desde criança não compreende esse *radicalismo do coração*: quando Jesus insiste para que abandone suas riquezas e O siga, o jovem foge. A falha está mais no coração do jovem do que em sua vontade.

Cristo pede mais de nosso coração do que da nossa mente ou da nossa vontade. Deus quer que os homens lhe entreguem seus corações. Devemos *submeter* nossa mente e nossa vontade à mente e à vontade dEle, mas devemos *dar* a Ele nosso coração, que é o nosso verdadeiro eu.

---

(3) Santo Agostinho, *Iohannis Epistolam ad Parthos Tractatus Decem*, tratado VII, 8.

Capítulo 3
O racionalista

Há corações que foram asfixiados pela razão; a isso damos o nome de «racionalismo». Há corações que foram asfixiados pela vontade, e chamamos a essa realidade «voluntarismo». Por outro lado, às vezes é o coração que asfixia o intelecto e a vontade: nasce o «sentimentalismo».

Os corações asfixiados – ou que asfixiam – encontram-se em desequilíbrio. Seu funcionamento precário procede da ausência de uma comunhão harmoniosa com o intelecto e a vontade.

Às vezes, o coração é asfixiado pelo intelecto. É o caso das pessoas que encaram as diferentes situações da vida apenas como oportunidade para ampliar seu conhecimento. Nada as pode tocar ou afetar. São eternas espectadoras. Vivem estimuladas pela curiosidade. São incapazes de responder às circunstâncias da vida com alegria, tristeza, compaixão ou amor. O que as interessa é a análise intelectual. De fato, a distância que guardam do objeto da análise é tão grande que são incapazes de penetrá-lo, de contemplá-lo e, portanto, de conhecê-lo. Essas pessoas não têm acesso aos mistérios da vida.

O escritor francês Ernest Renan, autor do *best-seller* mundial *A vida de Jesus* (1863), foi um dos que tiveram o coração asfixiado pelo intelecto. Renan não se interessa pelo *objeto* do conhecimento, mas pelo *conhecimento* do objeto.

Ele não se interessa por Cristo, mas pelo conhecimento a respeito de Cristo. Ele não tem acesso ao mistério de Cristo assim como não tem acesso ao mistério do cosmo e da vida. A hipertrofia do intelecto de Renan torna o coração dele impermeável. Renan não consegue captar a essência das coisas. Obcecado pelo conhecimento sobre Cristo, quer «desmistificar» os Evangelhos; só que, ao «desmistificá-los», inconscientemente refaz Cristo à imagem de Renan. Em sua imaginação, ele elabora uma lenda na qual se convence a acreditar. Em Renan, o intelecto atrofia o coração e o coração, revoluto, fala sobre coisas exclusivamente sentimentais, direcionadas a «senhores desdentados que só pensam em comer purê de nabo»[1].

Como bem afirma o filósofo russo Pavel Florensky, «a essência da verdadeira percepção é entrar na profundidade das coisas, ao passo que a essência da percepção ilusória é esconder-se da realidade»[2]. Renan se esconde de Cristo em vez de tentar penetrar seu mistério. Reinventar Cristo é provavelmente a melhor maneira de proteger-se dEle.

Contemplemos o *Cristo crucificado*, de Velázquez. A face do Crucificado está parcialmente obscurecida por seus cabelos, que aparecem caídos. A luta foi árdua. O Filho do Homem está morto, mas ainda fala conosco. Pede-nos que não tenhamos medo da tristeza, pois ela é a pedra de toque do amor. Renan, sufocado pelo que chama de «razão», não se permite ser tocado, surpreendido, arrebatado. É «maduro demais, adulto demais, independente demais» para fazer isso.

---

(1) Paul Claudel, «Lettre à H. Massis», 10 de julho de 1923, La *table ronde*, abril de 1955.
(2) Pavel Florensky, em carta datada de 13 de maio de 1937, enviada do campo de concentração de Solovki à irmã dele, Olga, alguns meses antes de ser executado.

Cristo crucificado, Diego Velázquez.

Vejamos ainda a *Última Ceia*, de Giotto. A cabeça de São João Apóstolo repousa no peito de Cristo. Ali, o discípulo que Cristo amava se afoga num oceano de misericórdia divina. Trata-se de um momento extraordinariamente intenso de franqueza. Novamente, Renan não se deixa emocionar.

Em vez de vivenciar o divino, Renan o reduz à sua própria medida. E o nobre Cristo dos Evangelhos torna-se o Cristo «gentil» de Renan.

Intelectuais de grande inteligência muitas vezes tomam consciência do papel desproporcional que o intelecto desempenha em suas vidas. O filósofo francês Jacques Maritain, nascido numa família protestante de Paris, e sua esposa Raïssa Oumansoff, nascida numa família judia da região do Rio Don, são bons exemplos disso.

Em 1901, durante seus estudos na Sorbonne, Raïssa e Jacques sentiam-se vazios e desesperados, asfixiados pelo cientificismo predominante[3]. Em seu famoso livro *As grandes amizades*, Raïssa recorda: «Decidimos que durante algum tempo confiaríamos novamente no desconhecido; acreditaríamos na existência como quem realiza um experimento, na esperança de que, diante desse chamado veemente, o sentido da vida se desvelasse para nós e novos valores se afigurassem tão claramente que poderíamos adotá-los de maneira integral, o que nos libertaria do pesadelo de um mundo sinistro e sem sentido. Se esse experimento não fosse bem-sucedido, a solução seria o suicídio – o suicídio antes que os anos tivessem acumulado pó, antes que nossa força juvenil se tivesse esvaído. Queríamos morrer por meio de uma negação livre e espontânea, já que era impossível viver de acordo com a verdade».

Sob a influência do escritor Charles Péguy e do filósofo Henri Bergson, Jacques e Raïssa começaram a perceber um sentido para suas vidas. Foi, porém, o livro *A mulher pobre*, publicado por Léon Bloy em 1897, que veio a representar para eles uma rajada de libertação.

Em seu diário pessoal, Sophie Scholl, alemã que fez oposição ao nazismo e por isso foi presa e decapitada pela Gestapo em 1943, registra as seguintes palavras de Jacques

---

(3) O cientificismo é uma ideologia que vê a ciência como se fosse uma religião.

Maritain: «É preciso ter um espírito rígido e um coração mole. Excetuando-se os espíritos fracos com corações secos, o mundo é feito basicamente de espíritos rígidos com corações secos e de corações moles com espíritos fracos»[4].

A Última Ceia, Giotto.

Renan era um espírito rígido com coração seco. Jacques e Raïssa poderiam ter seguido o exemplo dele. Porém, num momento decisivo de suas vidas, ambos optaram por seguir um caminho bem diferente.

---

(4) Jacques Maritain, «Réponse à Jean Cocteau», em *Œuvres complètes de Jacques et Raïssa Maritain*, Éditions St-Paul, Paris, 1985, tomo III, p. 724.

«Conhecemos a verdade não só pela razão, mas pelo coração também», diz Pascal. «Que sejamos incapazes de provar certas coisas pela razão demonstra apenas a fraqueza da razão, e não a condição de fragilidade de todo o nosso conhecimento (...). Da mesma forma, é inútil e absurdo que a razão, antes de concordar com os princípios do coração, exija dele provas das coisas que ele conhece, assim como seria inútil e absurdo que o coração, antes de aceitar os princípios da razão, exigisse dela sentimentos sobre as proposições que ela demonstra»[5].

Quem vier a buscar certeza matemática por meio do coração ficará tão desapontado quanto ficaria se buscasse sentimentos na razão.

As verdades do coração – as verdades intuitivas – costumam ser mais certas do que as verdades racionais (mais até do que aquelas que são matematicamente demonstráveis). Acima de tudo – e essa é a parte mais importante –, elas quase sempre se mostram mais fundamentais – e contribuem mais – para a felicidade e para o crescimento pessoal.

Um conselho

Permita-se emocionar pelo que é belo e bom sem tentar reduzir essas coisas a uma compreensão rasa das realidades que estão além de si. Você só poderá entender a realidade quando abandonar a vontade de «compreendê-la», contê-la e possuí-la. Permita-se sentir espanto, comoção e arrebatamento por tudo o que é maior do que nós.

---

(5) Blaise Pascal, *Pensées* (1670), 101 (Le Guern), em *Œuvres philosophiques*, Gallimard, coleção «Bibliothèque de la Pléiade», 2000, tomo II, pp. 573-574.

Capítulo 4
O voluntarista religioso

O coração pode ser asfixiado pela vontade tanto quanto pelo intelecto. É possível conhecer pessoas com as melhores intenções que estão convictas da necessidade de sufocar seus corações a fim de amplificar o valor moral de sua vontade. Elas procuram reprimir em si todo tipo de afetividade, de modo a que apenas a vontade permaneça. Gostam até de agir de maneira contrária às inclinações do coração. Essa gente não precisa de sentimentos, mas apenas de um «imperativo categórico».

A visão de perfeição moral já causou grande dano ao cristianismo. O cristianismo é, acima de tudo, a afirmação da liberdade dos filhos de Deus – uma afirmação direcionada ao coração do homem. No entanto, muitos o percebem como um compilado de regras às quais a vontade deve se submeter friamente.

Ocorre que o homem é chamado a fazer o bem não apenas por meio da vontade, mas também com seu coração: com seus sentimentos, suas emoções e sua carne. Ele é chamado a desfrutar do bem.

O nirvana oriental, a *apatheia* estoica, o moralismo kantiano e o puritanismo calvinista desconsideram o papel das emoções e dos sentimentos na vida humana. Os que não percebem o valor ontológico e existencial de suas emoções e sentimentos jamais alcançarão a excelência. O valor da pessoa baseia-se na qualidade de sua afetividade, e não na capacidade que possui de subordinar a afetividade aos ditames da vontade.

Para que se tenha ideia do que é um coração sufocado, pode-se comparar a literatura inglesa do período elisabetano – Shakespeare, Spencer e Sydney (1558-1603) – com a literatura calvinista puritana (1625-1675). A primeira é cheia de coração, vitalidade e esperança; a segunda é notavelmente intelectual, triste e pessimista.

Compare-se as telas do período puritano com a *Judite* pintada por Caravaggio décadas antes, em 1599. Que degradação! Os quadros puritanos são marcadamente secos. A *Judite* de Caravaggio é efervescente, passional, palpável. O colo, a boca, o nariz e os olhos refletem a concentração da energia vital de que o corpo precisa para cumprir a nobre e difícil tarefa de decapitar Holofernes, o inimigo do povo judeu. Judite é um ser profundamente corpóreo: ela não se encontra diminuída, frustrada ou alienada.

Um exemplo marcante de voluntarismo religioso é o jovem pastor calvinista John Rivers, personagem do romance *Jane Eyre*, de Charlotte Brontë. Embora esteja apaixonado por Rosamund, Rivers pede a mão de Jane em casamento por estar convencido de que ela será uma parceira mais adequada a um missionário. Rivers não ama Jane e Jane não ama Rivers; ele não se importa nem com o coração dela nem com o seu. Jane hesita. E, quando está prestes a aceitar o pedido de casamento, seu coração se rebela: a voz daquele que ela *realmente* ama – Rochester – ressoa nas profundezas de seu ser. Jane não se casa com Rivers. Não aceita se sacrificar pela religião, recorrendo a um artifício que iria contra os mais íntimos desígnios do coração.

Judite e Holofernes, Caravaggio.

Quando o coração se sufoca, a vontade mais cedo ou mais tarde se quebra. A vontade humana não é nem um avião a jato, nem um tanque de guerra. Está arraigada no coração, que é o centro da personalidade. O coração dá direção à vontade. Sem essa direção, os atos da vontade não passam de evasivas – uma corrida desajeitada à beira de um precipício. O dever pelo dever é uma noção inumana que frequentemente resulta numa personalidade fragmentada.

A solidez das nossas virtudes depende da pureza de nosso coração mais do que da força de nossa vontade.

Todos os que estão em busca de um caminho na vida devem se lembrar dessas coisas e perguntar a si mesmos: «Afinal, lá no fundo do meu ser, o que de fato me atrai? O que quero acima de tudo?». Você não pode basear sua vida em algo que não é você, agindo em nome de um dever ou de uma obrigação moral que só existe na sua imaginação.

Um conselho

Aprenda a fazer o que você quer. Aprenda a ser feliz. Tenha certeza de que ser feliz não é pecado.

Capítulo 5
O voluntarista másculo

Há uma forma de voluntarismo cuja origem não se encontra na religião, mas na «machidão».
Há 2.500 anos, Hipócrates nos ensinava que há quatro tipos de temperamento: o colérico, o melancólico, o sanguíneo e o fleumático. Colérico e fleumático são temperamentos bastante masculinos, ao passo que melancólico e sanguíneo são mais femininos. Os dois primeiros são racionais e voluntariosos; os últimos, intuitivos e calorosos[1].

Pessoas de temperamento colérico (e, em menor medida, as de temperamento fleumático) costumam acreditar que os melancólicos e sanguíneos deveriam ser mais viris. Esquecem-se de que, na antiguidade grega, a melancolia era considerada uma honra. «Todos os melancólicos», diz Aristóteles, «são seres excepcionais, e isso não por causa de qualquer doença, mas por natureza»[2].

Não faltam exemplos de voluntaristas másculos. É assim que os latino-americanos (muitos dos quais são sanguíneos) veem os espanhóis (muitos dos quais são coléricos). Infelizmente, abundam os conflitos entre espanhóis e sul-americanos: os espanhóis veem os sul-americanos como

---

(1) Cf. meu livro *Do temperamento ao caráter*, Quadrante, São Paulo, 2020.
(2) Aristóteles, *Problema XXX*, 1.

sentimentais que precisam ser masculinizados; os sul-americanos, por sua vez, veem os espanhóis como voluntaristas que devem ser amansados e humanizados.

Seja como for, a percepção exclusivamente máscula da existência frequentemente se encontra na raiz de um voluntarismo inadequado. O voluntarista másculo sufoca o próprio coração (e o coração dos outros) por ter vergonha dele. Envergonha-se de ter sentimentos e se sente desconfortável na presença de outras pessoas que os têm. Ele tem medo de parecer sentimental. Tem medo de não ser viril o suficiente. E admoesta aqueles que acredita serem sentimentais «efeminados».

Para além do problema que há em confundir o ato de ter sentimentos com o ato de ser efeminado, o perigo dessa perspectiva é óbvio: a educação do coração não é uma prioridade para essas pessoas. A prioridade delas é a educação do intelecto e da vontade.

Essa maneira exclusivamente máscula de abordar a perfeição gera pessoas que parecem fortes, mas na realidade são fracas. Quem se envergonha de ter sentimentos acaba por não tê-los – e acaba ficando sem coração. E, sem coração, a vontade se exaure.

O voluntarismo religioso é resultado de uma criação específica, ao passo que o voluntarismo másculo é fruto de uma cultura peculiar.

Um conselho

Pare de achar que virilidade e sensibilidade são realidades incompatíveis. Pare de confundir sensibilidade com sentimentalismo. Pare de ter vergonha de seus sentimentos e dos sentimentos alheios. Abandone esse pudor inoportuno que o paralisa.

CAPÍTULO 6
O voluntarista ideológico

No ano de 1992, em São Petersburgo, conheci Misha, um dos meus primos nascidos da Geórgia. Ele me apresentou à sua esposa, Valentina, que era russa. Misha e Valentina haviam servido ao Partido Comunista por décadas. Ambos davam aulas de psicologia social numa universidade localizada na antiga Leningrado.

Misha, que tinha um grande coração, provavelmente era também um oportunista. Mudara-se para Leningrado depois da guerra, casara-se com uma garota da cidade e entrara para o partido. Valentina, por sua vez, havia acreditado no sistema, e ao sistema havia entregue o coração.

Durante nossa conversa, Misha admitiu que até bem pouco tempo antes a polícia costumava lhe enviar listas de alunos a serem expulsos da universidade por suas opiniões religiosas. Nesse momento, Valentina explodiu: «Você não precisa ficar falando sobre *esse tipo de coisa* ao Alex».

Misha fala sobre «esse tipo de coisa» porque, para ele, elas não são pessoais ou íntimas; ele sabia que cometera um erro, mas acreditava não ter tido escolha.

Para Valentina, no entanto, «esse tipo de coisa» revelava momentos íntimos; ela praticara o mal não por uma questão de obediência, mas por amor, em nome de um futuro radiante no qual acreditava. A ideologia tomara o lugar da consciência.

Valentina acabou por enlouquecer. Eu costumava visitá-la após a morte de Misha. Ela falava sobre Stalin como alguém fala sobre Jesus Cristo. O neto de Valentina, Maksim, não suportava sua presença. Ela gostava de me receber: acredito que, em sua loucura, me via como uma âncora à qual podia se apegar.

O voluntarismo ideológico devora o coração daqueles que se veem presos em sua teia, mas suas maiores vítimas são os corações generosos aos quais falta sabedoria: eles se doam inteiramente, generosamente, a um processo que leva à sua própria destruição.

Contemplemos a obra *Operário e mulher kolkosiana* (1937), de Vera Mukhina[1]. Trata-se de uma estátua de tamanho colossal, representando um operário (que segura um martelo) e uma agricultora (que segura uma foice). Os braços de ambos estão erguidos e entrelaçados. Os dois avançam com passos decisivos em direção ao radiante futuro prometido pelo comunismo. Com 25 metros de altura e oitenta toneladas, essa escultura monumental foi construída para a Exposição Universal de 1937, em Paris.

A obra *Operário e mulher kolkosiana* é um hino à ideologia e à vontade humana. O trabalhador e a agricultora certamente têm um coração, mas ele foi absorvido pela vontade onipotente dos dois. Esse hino à ideologia acaba por ser, na realidade, uma crítica contundente à ideologia, seja ela socialista ou liberal. A vontade da mulher kolkosiana encontra-se hipertrofiada; o corpo dela já não lembra o corpo de uma mulher: ela se convertera num ser humano transgênero.

---

(1) O *kolkhoz* era um tipo de propriedade rural coletiva que se baseava num modelo semelhante ao das cooperativas atuais. O modelo foi dissolvido nos anos 1990, após o fim da União Soviética. [N. do T.]

O VOLUNTARISTA IDEOLÓGICO

Operário e mulher kolkosiana, Vera Mukhina.

Esta obra é símbolo brilhante não somente de uma época, mas também de toda uma nova era que zomba da natureza das coisas, das leis da Criação e da voz de Deus no homem. Ela não simboliza um país, mas um planeta cujos habitantes se debatem no vômito de uma civilização que enterrou seu coração e cuja única ideia é submeter-se aos jargões ideológicos.

Javert, inspetor policial em *Os miseráveis*, de Victor Hugo, é a encarnação dessa civilização. Trata-se de um homem sem coração, ideologizado da cabeça aos pés. Mais do que uma pessoa, Javert é um sistema. E, ao perceber a luz que lhe oferece Jean Valjean, em vez de recebê-la e permitir que seu coração volte a bater ele pula no Rio Sena e morre afogado.

Um coração engolfado por uma vontade ideologizada é um coração que se afoga no vômito da despersonalização.

Um conselho

Renuncie à ideologia. Diferencie a verdade parcial que ela contém e a mentira global que representa. Contemple os milhões de vítimas inocentes que a ideologia invariavelmente produz. Redescubra a natureza das coisas. Deixe-se maravilhar pela dignidade do ser humano. Consciente de seus erros passados, não afunde no desamparo, não se aprisione no labirinto infernal da amargura. Volte à estrada com um novo propósito e um coração ressuscitado.

Capítulo 7
O voluntarista conformista

Além do voluntarismo religioso, másculo e ideológico, há uma quarta forma de voluntarismo: o conformista.

Há várias pessoas cujo comportamento é condicionado não pelos princípios imutáveis da natureza humana (pela consciência, pela virtude), mas por leis sociais mais ou menos estáveis.

Para esses homens e mulheres, não existem ações boas (aquelas que privilegiam a virtude, a excelência e a perfeição humana) e más (as que se colocam como obstáculos a essas mesmas coisas): tudo o que há são ações corretas (as que estão de acordo com as regras) e incorretas (as que não estão de acordo).

Esse voluntarista está convencido de sua perfeição moral: observando as regras, ele consegue cumprir sua tarefa.

Na obra *Thérèse Desqueyroux*, François Mauriac, vencedor do Prêmio Nobel de literatura, oferece ao leitor um exemplo perfeito desse voluntarista: Bernard, marido de Thérèse.

Bernard é um homem sem coração que sacrifica tudo – incluindo a vida e a felicidade de sua esposa – em nome dos «interesses da família». Para essa regra – os «interesses da família» – não existe exceção. Bernard é incapaz de amar Thérèse. Ela só existe para ele na medida em que consegue gerar em seu ventre o herdeiro, o progenitor, que garantirá os interesses da família no futuro.

Bernard não pratica a virtude (a sabedoria, o domínio de si, a justiça), mas está certo de sua integridade moral porque vive exatamente como mandam os ditames sociais. Faz um escândalo no teatro em Paris porque a peça a que está assistindo parece obscena; pouco tempo depois, no leito conjugal, obriga a própria esposa a suportar abusos que são fruto de sua imaginação perversa. Bernard tem uma visão bastante precisa daquilo que as regras permitem e não permitem...
Bernard só conhece as regras. É incapaz de amar. No momento em que se despede de Thérèse, fica com raiva de si mesmo por ter sentido algumas emoções, por ter sentido tristeza.
O problema fundamental do voluntarista conformista é que ele não ama. A ausência de amor o torna cego. Ele se apega às regras porque são seu único ponto de apoio, seu único ponto de referência na vida.

Um conselho

Aprenda a amar as pessoas mais do que as regras, mais do que as tradições, mais do que aquilo que é religiosa, cultural ou politicamente correto. Aprenda a descobrir a pessoa que há em cada ser humano. A partir daí, sacrifique-se com alegria por aqueles que você ama.

Capítulo 8
O sentimentalista voluptuoso

Permitir que os valores mais nobres nos emocionem e aprender a não ter vergonha das emoções: eis o ponto de partida.

É um erro fatal acusar alguém de «sentimentalismo» apenas porque se deixa emocionar facilmente pela beleza ou pela prática heroica da virtude. Ter um coração sensível e ser «sentimental» são duas coisas muito diferentes.

O sentimentalismo não é a capacidade de se emocionar; trata-se, antes, da tendência de desfrutar das emoções mais do que dos valores que dão origem a elas; de buscar as emoções – ou até mesmo chafurdar nelas – pelo prazer que trazem; de isolar a emoção do bem que produz. O sentimentalismo é uma forma de voluptuosidade, de sensualidade.

Quem costuma se refugiar nos livros, nos filmes ou na música para desfrutar das emoções que essas atividades proporcionam, em vez de fazê-lo para absorver os valores que têm a oferecer, é um sentimentalista voluptuoso.

Quem se dedica à criação de empresas para desfrutar da ação e do movimento que essas iniciativas proporcionam, em vez de fazê-lo para desfrutar dos valores e das virtudes que elas criam e fomentam, é um sentimentalista voluptuoso.

Quem pratica a caridade não por amor às pessoas, mas para se sentir bem consigo mesmo, é um sentimentalista voluptuoso.

Quem costuma se refugiar nas orações para sentir emoções específicas (consolo, por exemplo), em vez de fazê-lo para ter um encontro pessoal com Deus, é um sentimentalista voluptuoso.

Repito: ter emoções não é ser sentimental. Ser sentimental é isolar a emoção do valor que a produziu.

Muitos políticos ficam com a voz trêmula quando pronunciam a palavra «humanidade», quando a imagem que têm de si próprios (para não falar da imagem que têm dos outros) é, na melhor das hipóteses, a de um orangotango civilizado ou de um animal doméstico. Georges Clemenceau, primeiro-ministro francês durante a Primeira Guerra Mundial, era especialista no assunto. O tremor emocional na voz do humanista que vive afastado de Deus é de natureza puramente fisiológica. Ele gosta de ouvir a própria voz falando de temas elevados, mas esse gostar não é espiritual: é volúpia, pura e simplesmente.

O sentimentalista voluptuoso deve aprender a estabelecer (ou reestabelecer) o vínculo entre emoção e valores. Para fazê-lo, deve descobrir como contemplar todos os valores com grande sinceridade, independentemente do prazer que comunicam. Ele deve amar o valor pelo valor e descobrir sua beleza intrínseca.

A emoção disso resultante terá qualidade superior à que ele sentia antes. A alegria – e não apenas o prazer – tornar-se-á parte integrante de sua trajetória.

Um conselho

Aprenda a amar o bem por si mesmo, e não apenas pelo prazer que traz. Examine sua consciência. Você está em busca de quê? Qual é a motivação íntima e profunda de suas atitudes? Se o prazer por algum motivo se esvai, você persevera nas boas ações?

Capítulo 9
O sentimentalista insano

Há outra forma de sentimentalismo: a tendência a permitir que o coração sufoque o intelecto. O sentimentalismo, nesse sentido, é uma forma de insanidade. Um intelecto poderoso é bom, contanto que não asfixie o coração. Da mesma forma, um coração sensível é bom, contanto que não asfixie o intelecto. O coração não pode substituir o intelecto. O coração sabe de coisas que o intelecto nem sempre conhece. O coração sabe de maneira mais misteriosa (e frequentemente mais ambígua). Há pessoas que confiam no coração como único guia. Esse coração é, na realidade, um coração arbitrário que chama de «intuição» o que é meramente produto da imaginação e da fantasia, nada mais.

Antes de confiar no coração, você deve aprender a praticar a virtude da prudência (ou sabedoria prática), por meio da qual ele, o intelecto e a vontade trabalham de mãos dadas. Muitos são os que cometem crimes horrendos «em nome do coração»: adultério, sodomia, guerras e terrorismo, por exemplo.

O filósofo francês Jean-Jacques Rousseau é um bom exemplo de sentimentalista insano. Acreditava piamente estar fazendo a coisa certa quando mandou os filhos para um orfanato de Paris imediatamente após nascerem. Rousseau nunca examinou sua consciência para saber o que era certo e o que era errado. Seu único ponto de referência era seu coração, seu coração pervertido. Ele «sentia» que era certo agir daquela maneira. Rousseau escreveu muito sobre justiça, mas, como sentimentalista insano que era, não conseguia praticar a virtude da justiça, que requer sabedoria prática.

O sentimentalista insano gosta de citar a célebre frase de Pascal: «O coração tem razões que a própria razão desconhece»[1]. Esquece-se, porém, de que Pascal não tinha apenas um grande coração, mas também uma consciência refinada e uma sensibilidade moral extraordinária.

Para quem carece de sabedoria, é óbvio que a única lei não deve ser a do coração, como se diz por aí, mas a da consciência.

O sentimentalista insano se ofende com qualquer coisa – sente-se ofendido, mas jamais questiona seu intelecto para saber se o sentimento resulta de uma ofensa real e objetiva. «Sinto-me ofendido», diz, e isso basta para que declare guerra ao mundo inteiro.

O sentimentalista insano não é uma pessoa de coração, mas um tolo manipulado por seu egoísmo e por seu orgulho.

O sentimentalista insano é o túmulo do coração.

O sentimentalista insano é uma doença que se espalhou pelo mundo moderno.

Um conselho

Aprenda a ouvir sua consciência antes de ouvir o que chama de «coração». A voz de sua consciência, que é a voz de Deus, tem prioridade sobre a voz de seu «eu». Um coração isolado da consciência não é um coração livre. É um coração pervertido, autocentrado e hipócrita.

---

(1) Blaise Pascal, *Pensées*, 101, em *Œuvres philosophiques*, Gallimard, «Bibliothèque de la Pléiade», 2000, tomo II, pp. 573-574.

Capítulo 10
O sentimentalista covarde

O sentimentalismo é às vezes voluptuoso, às vezes insano, e também pode ser covarde. Muitos são os que, «por amor aos outros», recusam-se a confrontá-los, sobretudo quando «os outros» são pessoas que precisam ser colocadas de volta no caminho do bem. O sentimentalista covarde não corrige seu filho, seu aluno, seu subordinado ou seu amigo sob o pretexto de que não se deve causar sofrimento a eles. De fato, tem medo do confronto, mesmo quando o confronto é construtivo. Encontra-se desprovido de coragem. Sua vontade foi absorvida pelo coração.

O sentimentalista covarde tem um coração demasiado «bom» para ser capaz de fazer o bem, um coração demasiado «amoroso» para ser capaz de amar.

Rudin, personagem principal do romance homônimo de Ivan Turguêniev, é profundamente sentimental. Trata-se de um jovem imensamente passional, capaz de mobilizar as paixões alheias por meio de discursos arrebatadores sobre liberdade, sacrifício e ação. Ele incendeia os corações, mas é incapaz de agir. Cativada por seus ideais, a jovem Natália por ele se apaixona.

A própria Natália, no entanto, diz a Rudin que a mãe dela preferiria ver a filha morta a vê-la casada com ele. Rudin então pergunta o que ela respondera à mãe: «Eu disse que preferiria morrer a me casar com qualquer outra pessoa». Natalia está pronta para romper com a própria família a fim de estar com Rudin. Questiona, pois, se ele tem um plano, e nosso herói responde da seguinte maneira: que deveriam se separar, uma vez que «sua mãe não está de acordo». Rudin tem sentimentos, mas não a vontade necessária para confrontar a futura sogra. Não quer que ela sofra. É quase risível... Rudin tenta justificar sua atitude a Natália, mas no fundo sabe que é um incapaz: «A natureza me concedeu muitos talentos, mas morrerei sem ter feito nada [...]. Ao primeiro obstáculo [...] eu me desfaço [...]. Sou como uma roda que gira em falso, sou assim desde que nasci, e terminarei mal».

«Mamãe não está de acordo!»... O sentimentalista covarde precisa ter uma vontade mais viril e aprender a praticar a virtude da coragem.

Um conselho

Tenha uma vontade mais viril. Não deixe de fazer o bem sob o pretexto de que poderia gerar conflitos. Não seja covarde e não seja hipócrita. Aprenda a gerenciar conflitos com sinceridade e firmeza.

Capítulo 11
Corações secos

Pudemos falar dos corações em desordem cujo mau funcionamento deve-se à falta de harmonia entre inteligência e vontade. Agora, é preciso falar sobre os corações secos: os corações insensíveis à beleza, à virtude, ao amor, à grandeza, à misericórdia e à dor alheia.

Há corações demoníacos como aqueles descritos por Dostoiévski em *Os demônios* – corações que estão sempre preparados, com um cinismo sem igual, para destruir as coisas mais nobres da vida. Os acontecimentos dramáticos dos últimos séculos confirmam a existência de corações assim:

> Ouça, façamos uma revolução, murmurou rapidamente Pierre Verhovensky, quase em delírio. (...) «Criemos uma comoção tão grande que toda a ordem estabelecida estremecerá desde as raízes. (...) Os membros da sociedade devem se vigiar uns aos outros, e todos têm o dever de denunciar as infrações. Todos pertencem a cada um, e cada um pertence a todos. (...) A igualdade deve reinar em manada. (...) Todo gênio será sufocado na infância. (...) É preciso que escravos tenham senhores. Submissão absoluta, perda de toda individualidade, mas uma vez a cada trinta anos todos de repente po-

derão se devorar uns aos outros, simplesmente como precaução, para que não se sintam entediados. (...) Por toda parte vemos vaidade desmesurada; apetites monstruosos como jamais vimos antes. (...) Libertinagem sem igual, baixeza, sujeira. (...) Haverá uma perturbação de incrível magnitude, algo que jamais existiu no mundo. Aqui haverá força – e que força! Precisamos apenas de uma alavanca para levantar o mundo. Tudo se irá levantar! E o mar se elevará, e o espetáculo farsesco cairá por terra, e em seguida pensaremos numa forma de construir um edifício de pedra. Pela primeira vez! *Nós* o construiremos, e apenas nós![1]

As almas possuídas de Dostoiévski são gente desesperada – gente sem esperança nenhuma. Não creem em Deus, mas no demônio. Em seu desconsolo, decidem explodir o mundo para construir, à sua própria imagem, algo novo e impossível de imaginar: um inferno terreno, eterno e indestrutível.

Esses corações, que estão fora de controle e vagam pela terra em busca de transformá-la no inferno, só podem ser consertados por meio do exorcismo.

Eles existem, mas são exceções. Mais numerosos são os corações secos como o de Frédéric Moreau, de Flaubert[2]; o de Grigóri Pietchórin, de Liérmontov[3]; o de Eugênio Onêguin, de Pushkin[4]; e de Isabelle Fondaudège, de Mauriac[5]. Esses corações chegaram ao fundo do poço quando tentaram calar a voz da própria consciência.

---

(1) Fiódor Dostoiévski, *Os demônios*, parte II, cap. VIII.
(2) Em *A educação sentimental*.
(3) Em *O herói do nosso tempo*.
(4) Em *Eugênio Onêguin*.
(5) Em *O nó de víboras*.

Frédéric Moreau é um jovem cheio de ideias românticas. Influenciado pelos círculos burgueses que atuavam durante o Segundo Império francês, abandona-se à superficialidade e ao cinismo. *A educação sentimental* de Flaubert é uma obra sobre «como se livrar de sua própria educação».

Grigóri Pietchórin, por sua vez, é um aristocrata frio e aborrecido, incapaz de sentir qualquer coisa. Arruína a vida de todos aqueles com quem convive. É um homem cujos «olhos não sorriem quando ele sorri». Todavia, Grigóri Pietchórin é mais profundo e mais honesto do que Frédéric Moureau: «Qual o propósito da minha vida? Por que nasci? Uma nobre missão certamente me foi designada, uma vez que sinto em mim mesmo poderes ilimitados. Mas ainda não descobri que missão é essa. Deixei-me seduzir e enganar por paixões vis e vulgares». Quando não são combatidas, as inclinações perversas da natureza humana sufocam o coração, causando-lhe dano ainda maior do que aquele causado ao intelecto e à vontade. Obcecado por seu poder, por suas posses e por seus prazeres, o homem sem temperança enxerga a vida como um acúmulo de sensações. Ele não nota mais os outros – a dignidade, as tristezas e as necessidades alheias.

Eugênio Onêguin é um nobre desiludido que só pensa em si mesmo. Leva uma vida pouco produtiva e, para se divertir, seduz a noiva do melhor amigo. Depois, mata o rival num duelo.

Quanto à Isabelle Fondaudège, de François Mauriac, trata-se de uma burguesa de Bordeaux que se diz católica praticante, mas nunca se questiona sobre a ordem (frequentemente hipócrita e injusta) estabelecida pela casta da qual faz parte. «Nunca conheci ninguém tão serenamente injusta quanto você», declara seu marido, Louis. «Deus sabe de quantos pecados insignificantes você se confessa, e, no entanto, não há sequer uma bem-aventurança que você não tenha passado a vida a contradizer». Isabelle é uma mulher cujo coração é seco, uma fariseia sempre pronta a confessar as pequenas faltas, sem nunca notar que todo o seu ser é pecado. Os atos dela são todos pervertidos pela natureza imoral de sua profunda motivação, a saber: a afirmação categórica de uma superioridade moral. Por meio do cumprimento dos requisitos exteriores da prática cristã, Isabelle acredita estar desobrigada de viver uma vida cristã propriamente dita. Parece que caiu ainda mais fundo do que Moreau ou Pietchórin.

Cada uma dessas pessoas tornou-se quem é por livre e espontânea vontade.

Nenhum coração é seco desde o nascimento, mas torna-se assim.

E de onde vem essa secura? Ela é fruto das escolhas egoístas que fazemos, as quais nos tornam impermeáveis à transcendência e nos alienam uns dos outros.

As opções que fazemos desde a primeira infância claramente dependem dos valores de nossos pais, de nossos professores e daqueles que nos cercam. Todavia, elas são, em última análise, escolhas *nossas*. Somos *nós* que as fazemos, conscientemente ou não.

Os corações secos não estão necessariamente perdidos para sempre; eles são frios, mas podem derreter nas lágrimas mornas da conversão.

O perverso Grigóri Pietchórin poderia ter convertido seu coração por meio do contato com a casta princesa Meri, que estava perdidamente apaixonada por ele.

O egoísta Eugênio Onêguin poderia ter entendido os horrores de sua condição por meio do contato com a generosa Tatiana, que o amava de maneira fervorosa.

A hipócrita Isabelle Fondaudège poderia ter superado sua cegueira se não tivesse precedido o marido na morte e se tivesse tido tempo de ler a confissão enormemente sincera que ele dirigiu a ela.

Um conselho

Para curar um coração seco, é preciso opor-se a ele com todo o poder da paciência e do amor. É preciso forçá-lo a ser sincero.

Capítulo 12
Corações feridos

Os corações secos são responsáveis por sua própria degradação. Não podemos confundi-los com os corações feridos, que foram vítimas de agressão externa.

Os corações mais profundamente feridos são aqueles que assim se tornaram graças a pessoas que deveriam tê-los amado.

No romance *Três anos*, de Anton Tchekhov, Aleksei e Fiódor Láptiev, filhos de um comerciante moscovita que os agredia, discutem o sentido da vida. Trata-se de um diálogo de cruel sinceridade, no qual Aleksei revela a natureza da guerra que ele empreende contra si mesmo a fim de recobrar a própria dignidade.

Fiódor acabou de escrever um panfleto sobre a grandeza da Rússia e a miséria da Europa. Aleksei o acusa de ter perdido a cabeça.

Os dois ficam em silêncio por um minuto, ao que Fiódor suspira e diz:

– É uma grande tristeza para mim que tenhamos pensamentos diferentes, meu caro irmão. Ah, Aliocha, Aliocha, meu caro irmão! Você e eu somos russos de verdade, somos crentes de verdade, homens de ideias amplas; essas ideias de alemães e judeus não são para nós. Você e eu não somos arrivistas vulgares, compreende? Somos representantes de uma distinta família de comerciantes.

– O que você quer dizer com «distinta família»? – disse Láptiev, contendo sua irritação. – Ora essa, distinta família! Os proprietários de terras batiam no nosso avô, e até o mais baixo dos funcionários oficiais metia-lhe socos na cara. Nosso avô agredia nosso pai e nosso pai, por sua vez, nos agredia a nós dois. O que é que a sua distinta família fez por nós? Que tipo de temperamento, que tipo de sangue teremos herdado? Há quase três anos você tem discutido como um diácono ignorante, tem dito bobagens a torto e a direito, e agora escreve esse texto delirante e servil! E quanto a mim? Olhe só para mim! Nem flexibilidade, nem ousadia, nem força de vontade. Eu tremo a cada passo como se me fossem fustigar, acovardo-me diante de nulidades, idiotas e brutos, gente imensamente inferior a mim do ponto de vista do intelecto e da moral. Tenho medo de portadores, porteiros, guardas e policiais. Tenho medo de todo mundo, porque nasci de uma mãe que morria de medo, e desde pequeno fui agredido e aterrorizado! Você e eu faríamos bem em não ter filhos. Ó, Deus, permita que essa distinta família de comerciantes morra conosco![1]

O que salva Aleksei Láptiev é sua sinceridade, seu autoconhecimento e seu desejo de levar uma vida inteiramente nova. Alienado e encerrado num autoengano constante, Fiódor acaba vivendo seus últimos dias num hospital psiquiátrico.

Mas será que Aleksei Láptiev consegue ir até o fim? Será que consegue perdoar seu pai do fundo do coração, curando definitivamente as feridas ainda abertas?

---

(1) Anton Tchekhov, *Três anos*, cap. XV.

É possível que este capítulo sobre corações feridos pareça excessivamente curto. Acredito que Tchekhov, cujo romance possui forte carga autobiográfica, tenha dito *tudo* em poucas linhas. Quaisquer comentários adicionais seriam supérfluos.

Um conselho

As feridas provocadas por familiares só podem ser curadas definitivamente pelo perdão (o perdão que oferecemos ao nosso executor).

Capítulo 13
A beleza

Até aqui, falamos sobre como os corações desequilibrados podem encontrar um novo ponto de equilíbrio, como os corações secos podem descobrir uma vida nova e como os corações feridos podem se curar. Agora, precisamos falar sobre como educar nosso coração, como aprimorar nossa afetividade e como alcançar um nível mais elevado de força e maturidade.

Se queremos que nossos sentimentos mais notáveis norteiem nossas atitudes, é preciso aprender a vivenciar a beleza, a grandeza, o amor, a liberdade, a misericórdia e o sofrimento.

Para Platão, tudo o que é verdadeiro, belo e bom no mundo é apenas o reflexo de um arquétipo, um ideal divino que não conseguimos apreciar daqui de baixo. No entanto, apenas a beleza nos apetece a ponto de nos livrar do jugo mundano, do ambiente em que estamos habituados a viver, das coisas que nos controlam.

A contemplação da beleza, diz Platão, nos faz sentir nostalgia de outro mundo e nos remete a uma promessa de felicidade que nos foi feita. Ela – o deleite e o êxtase que ela ocasiona – nos faz «amantes». Dá-nos asas, nos eleva e nos deifica. Esse êxtase não está direcionado imediatamente ao prazer, mas a algo superior ao que a satisfação corpórea é capaz de oferecer.

A beleza pode ser encontrada em rostos, na natureza e na arte. Há obras genuinamente magníficas – livros, pinturas, músicas e filmes – que, por meio de seu poder evocativo, suscitam em nós emoções que ampliam os limites de nosso ser, propelindo-nos a alturas até então desconhecidas. Nessas situações, eufóricos e extasiados, abandonamos a camisa de força de nossa paz interior e de nossa mediocridade. Essas obras comunicam a beleza e a grandeza do ser humano e provocam – se estivermos suficientemente abertos – uma sede de vida, sede de alcançar coisas e sacrificar a nós mesmos.

Contemplemos a tela *O canto da cotovia* (1884), de Jules Breton. Vemos uma jovem que interrompe seu trabalho por um momento a fim de ouvir o canto da ave. A jovem fica surpresa e impressionada com a beleza daquele som, que ela provavelmente ouve todos os dias. Para ela, os milagres são comuns. O sol está a nascer no horizonte. Ele nos lembra, assim como o canto da cotovia, que tudo é dom, tudo é um milagre, e nada procede de si mesmo. O coração livre da jovem responde instintivamente ao chamado da beleza. Ela contempla. A resposta dela é um «sim» de extraordinária intensidade. A moça se entrega a ele e é transformada – quase transfigurada – pela experiência.

Nosso coração não fica indiferente diante do *Canto da cotovia*. É possível captar muita coisa num piscar de olhos. A beleza está imbuída do verdadeiro e do bom. Não se pode *não* responder. Eu entendo por que o ator Bill Murray, que enfrentou grandes dificuldades para começar sua carreira na Chicago dos anos 1970, desistiu da ideia de cometer suicídio após ter visto essa tela.

Ouça, ainda, estas belíssimas canções de Jacques Brel:

> *Quando não se tem nada além do amor*
> *Para viver nossas promessas*
> *Sem nenhuma outra riqueza*
> *Além de acreditar sempre...*
> *Quando não se tem nada além do amor*

*Para traçar um caminho
E forçar o destino
A cada encruzilhada...*[1]

*Eu te oferecerei
Pérolas de chuva
Vindas de países
Onde já não chove
Eu cavarei a terra
Até a minha morte
Para cobrir teu corpo
De ouro e de luz
Eu criarei um reino
Onde o amor será rei
Onde o amor será lei
Onde tu serás a rainha...*[2]

 Brel perdera o Deus de sua juventude, mas os ecos da voz dEle continuaram a ressoar no coração do compositor. Poucas canções de amor são tão sinceras e, ao mesmo tempo, tão intensas e poéticas quanto as de Brel. Sua sensibilidade estética faz o coração alçar voo.

 Deus fala conosco por meio da beleza. Mas Deus não é um tirano: quer de nós uma adesão livre aos valores que Ele oferece e que nos deixemos perpassar e transformar alegremente por esses valores.

 Natureza, literatura, pintura, música e cinema: esses são os instrumentos que Deus utiliza para produzir sentimentos

---

(1) Jacques Brel, «Quand on n'a que l'amour» (1956): «*Quand on n'a que l'amour/ Pour vivre nos promesses/ Sans nulle autre richesse/ Que d'y croire toujours... Quand on n'a que l'amour/ Pour tracer un chemin/ Et forcer le destin/ À chaque carrefour...*».

(2) Jacques Brel, «Ne me quitte pas» (1959): «*Je creuserai la terre/ Jusqu'après ma mort/ Pour couvrir ton corps/ D'or et de lumière. Je ferai un domaine/ Où l'amour sera roi/ Où l'amour sera loi/ Où tu seras reine...*».

que elevam, purificam e transfiguram o coração. Trata-se de experiências espontâneas e radicalmente pessoais: Deus fala a cada um de nós num idioma que conhecemos e em circunstâncias que nos fazem particularmente receptivos. Se não permanecemos indiferentes a essas experiências, elas podem expandir e fortalecer o coração.

Devemos confiar na beleza. Um coração humilde – um coração atento à voz da consciência – não tem medo dela. Sabe que pode encontrar nela o alimento que dá vida, o combustível que lhe permite voar cada vez mais alto.

O filósofo e teólogo russo Sergei Bulgakov (que foi marxista antes de retornar ao cristianismo que o formara na infância) experimentou um encontro bastante específico na virada do século XIX para o século XX. Na ocasião, estava na Galeria de Arte de Dresden contemplando a famosa Madona Sistina, de Rafael. «Numa manhã enevoada de outono», escreve em *A luz que não se apaga*,

> apertamos o passo para fazer uma rápida visita, como fazem todos os turistas, ao Zwinger, com sua famosa galeria. Eu não tinha nenhuma competência artística e certamente não fazia ideia do que me esperava naquela galeria. Mas foi lá que a visão da Rainha do Céu caminhando entre as nuvens com o Filho pré-eterno penetrou minha alma. Havia nos olhos dela uma imensa força de pureza, uma visão clara do sacrifício que precisaria fazer; ela sabia dos sofrimentos por vir e estava pronta para enfrentá-los voluntariamente. A mesma sabedoria na aceitação do sacrifício podia ser vista nos olhos do Filho: uma sabedoria que não era a de uma criança. Eles sabem o que os espera, sabem o que o destino lhes reserva e estão dispostos a se entregar livremente a esse destino a fim de fazer valer a vontade daquele que os enviou: Ele, no Gólgota; ela, para receber a espada que

lhe perpassaria o coração. Eu estava fora de mim, minha cabeça girava, meus olhos derramavam lágrimas de alegria e de amargura, meu coração gelado derretia, e foi então que um nó vital se desfez. Não foi uma emoção estética, não – foi um encontro, uma nova consciência, um milagre... Eu era marxista, mas espontaneamente chamei aquela contemplação de «prece». Todas as manhãs eu corria para o Zwinger antes de todo mundo e me punha diante da Madona para «rezar» e chorar; poucos momentos na minha vida serão mais abençoados do que aquelas lágrimas... Mãe de Deus da Capela Sistina de Dresden, tocaste meu coração, e ele agora treme ao teu chamado.

Como disse Bulgakov, sua emoção não era estética: era religiosa. Mas foi por meio da estética que o encontro religioso ocorreu. Diante da visão ao mesmo tempo inquietante e serena da Madona, ele descobriu o significado da própria existência. Pela primeira vez, o coração gelado de Bulgakov derramou as lágrimas cálidas do arrependimento e da gratidão.

Em 1924, 26 anos depois desse primeiro encontro, Bulgakov novamente se viu diante da Madona Sistina. Dessa vez, no entanto, o encontro não lhe aqueceu o coração. A reação inicial, cheia de êxtase, já não estava mais em evidência; restou apenas o desencanto. Esse tipo de desencanto é o maior testemunho da autenticidade do encontro inicial: quem falara conosco foi Deus, e não a obra. A beleza fora apenas um instrumento. Se a obra de arte hoje já não nos diz nada, isso não põe em questão a validade dos impulsos transcendentes que Deus nos fez sentir num determinado momento de nossa vida.

Seja como for, Deus frequentemente usa o mesmo instrumento, o mesmo milagre da beleza, para tocar os corações de muitas pessoas. Foi provavelmente após ter contemplado essa mesma face – uma cópia da Madona Sistina que ele trazia consigo o tempo todo – que Dostoiévski pôs nos lábios do Príncipe Míchkin, personagem principal do romance *O idiota*, a célebre frase: «A beleza salvará o mundo». Na maior parte da obra do autor russo, a Madona Sistina de Rafael (tão física e tão espiritual) encontra-se presente de uma maneira ou de outra. Em *Os demônios*, ela se torna o símbolo universal de beleza desprezado pelos niilistas.

Madona Sistina, Rafael Sanzio.

A beleza salvará o mundo porque é a expressão mais direta e tangível da verdade e do bem. Depois de Descartes, pode-se duvidar de tudo, menos da beleza. A beleza é a «carne» do verdadeiro e do bem. Ela se impõe aos nossos sentidos. Não se dobra aos *slogans* relativistas. O agnosticismo predominante não tem poder nenhum sobre ela. Num mundo em que a dúvida é o valor supremo, a beleza é um porto seguro em meio à tempestade.

Um conselho

Comece pelo começo: crie beleza onde você mora, onde você trabalha e onde você descansa. A beleza é compatível tanto com a pobreza quanto com a riqueza, mas não pode existir em meio à vileza e à negligência, em meio ao mau gosto e ao espírito do novo-rico. Crie ao redor de si uma atmosfera que transcende, um ambiente permeado por verdade e beleza. Seus amigos desejarão visitar sua casa por causa do calor, da inspiração e da dignidade que ali se encontram.

Capítulo 14
A grandeza

A experiência do bem, assim como a experiência da beleza, coloca o coração em movimento. Ela o expande, purifica e inflama.

Todos nós temos histórias para contar sobre aventuras que nos tocaram profundamente e que talvez tenham ocasionado mudanças drásticas em nossas vidas. Jamais vou me esquecer de uma senhora de Vyborg, na região da Carélia, que conheci enquanto ela revirava pilhas de lixo numa estação de trem. Muito embora estivesse morrendo de fome e de frio, ela me comprou flores com os rublos que eu lhe havia dado[1].

Generosidade, gratidão, audácia... Essas virtudes não permitem que nossos corações permaneçam indiferentes. Todavia, há uma virtude que consegue inflamar nossos corações mais do que todas as outras: a magnanimidade. De acordo com Aristóteles, a magnanimidade é a virtude daqueles que se creem dignos de grandes coisas[2].

Pensemos na tela de John Everett Millais em que vemos dois jovens – Sir Walter Raleigh, famoso explorador inglês do período elisabetano, acompanhado de seu

---

(1) Conto essa história em detalhes no prefácio de meu *Virtudes & liderança* (Quadrante, São Paulo, 2016).
(2) Cf. meu livro *Criados para a grandeza*, Quadrante, São Paulo, 2019.

irmão – sentados ao pé de um marinheiro genovês numa praia em Devonshire. À medida que fala sobre suas aventuras, o marinheiro estica o braço direito na direção do mar, num gesto de desafio. Walter parece cativado pela grandeza do projeto: lançar-se rumo ao desconhecido a fim de encontrar terras jamais vistas! O sonho em seu coração transforma-se em missão e realidade. Ele se enche de medo porque sabe que não tem como voltar atrás. O irmão dele, por sua vez, jaz indiferente. Escuta, mas não ouve; permanece calmo, pois não tem interesse pela aventura. Essa tela é uma alegoria da magnanimidade.

A meninice de Raleigh, John Everett Millais.

A magnanimidade é a virtude da excelência: excelência em ser e excelência em agir. O homem magnânimo quer *fazer* grandes coisas, mas quer, acima de tudo, *ser* um grande homem. Tem confiança em si mesmo, em seus talentos, em suas capacidades. Sente que é livre e forte. Leva sua imaginação ao limite. É cheio de esperança humana. Sonha e transforma seu sonho em missão. Nos grandes problemas da humanidade, vê grandes oportunidades. Ele tem os obstáculos por montanhas que precisam ser escaladas. Está convencido de que o mal é o bem que ele não faz. A vida desse homem pode ser resumida nestas belas palavras do poeta anglo-irlandês Patrick Pearse: «Arrisca tudo para não perderes o que é mais que tudo».

A grandeza do homem magnânimo enche de medo os corações pusilânimes, mas incendeia os corações humildes.

Thomas More, o político inglês que se recusou a ser manipulado pelo rei e sacrificou tudo – sua família, seu trabalho, sua reputação, até mesmo a própria vida – para salvar a integridade de sua consciência...

Alexander Soljenítsin, o escritor russo que, diante de um sistema totalmente fundamentado na mendacidade, na estupidez, na crueldade e na destruição, lançou-se com confiança na luta pela libertação de seu povo da ideologia comunista...

Martin Luther King, pastor e líder da luta por direitos civis nos Estados Unidos, que infundiu nos corações de seus seguidores um profundo senso de dignidade e transformou seu sonho em missão (às custas de sua própria vida)...

Jérôme Lejeune, o geneticista francês que, para defender a verdade científica sobre o começo da vida humana e a verdade moral que disso decorre, sacrificou sua reputação e sua carreira para tornar-se o defensor mais contundente daqueles que são os menores e mais vulneráveis dentre os seres humanos...

Teresa de Calcutá, a freira albanesa que, em consonância com sua vocação, deu carinho e amor aos pobres e aos abandonados que estavam prestes a morrer, resistindo aos que lhe ofereciam quantias vultosas para que transformasse seu hospital para doentes terminais numa clínica convencional...

Joana d'Arc, a camponesa da Lorena que, aos dezessete anos de idade, transformou uma trupe de bandidos numa força militar de grande contorno, fomentando a renovação espiritual de uma nação que vinha mergulhando cada vez mais fundo na escuridão...

A educação do coração ocorre por meio da experiência da grandeza. E geralmente descobrimos a grandeza por meio das realidades da vida comum. Basta prestar atenção. Olhe ao seu redor. Não faltam exemplos de magnanimidade: pais, amigos, professores... A vida dessas pessoas mereceria estar nas páginas dos jornais, ainda que elas nunca cheguem a virar notícia.

Um conselho

Identifique pessoas magnânimas com as quais você gostaria de passar mais tempo. Busque a companhia delas. Contemple-as, estude-as, tente imitá-las. Crie um «ambiente magnânimo» ao redor de si mesmo. Seu ambiente consiste nos livros que você lê, nos filmes a que você assiste, nas músicas que você escuta – e também na internet, com toda a sua grandeza e sua miséria. Seja seletivo, rejeite o que é moralmente dúbio e encha seu coração e sua mente com coisas nobres e belas.

Capítulo 15
O amor

Contemplemos a tela *Voltando da cidade* (1870), de Aleksei Korzukhin, em que vemos o pai de uma família humilde de camponeses regressando para casa após o trabalho. Ele está exausto; seus olhos estão vermelhos de tanto cansaço. Mesmo assim, o homem não descansa, não bebe nem come: quer, antes, estar com os filhos. A pintura retrata a grandeza e o heroísmo da vida comum. A filha de cinco ou seis anos olha para o rosto do pai com infinita devoção. Sabe que ele não é um mero «brinquedo».

O amor generoso e incondicional é capaz de transformar o âmago de nosso ser. O amor é o bem supremo. Não importa se o recebemos de uma mãe ou de um pai, de um irmão ou de uma irmã, de um marido ou de uma mulher, de um amigo ou de um desconhecido, do próprio Deus – o amor, se estamos dispostos a recebê-lo, nos liberta dessa camisa de força que é nossa pequenez.

O homem foi criado para ser amado, mas muitos não recebem amor suficiente. Falamos de corações machucados, de feridas que só podem ser curadas quando perdoamos os que nos atormentam. Frequentemente, no entanto, não percebemos o amor que nos está sendo revelado no presente e não nos lembramos do amor que nos foi destinado no passado.

Voltando da cidade, Aleksei Korzukhin.

O amor, ademais, não é apenas o sentimento de que somos amados, mas também a experiência de amar outra pessoa.

Nas horas mais terríveis de sua vida – as que viveu em Auschwitz –, o psicanalista austríaco Viktor Frankl pensava com carinho no rosto da esposa. Essa imagem lhe deu forças para não cair no desespero.

Henri Guillaumet, aviador francês cuja aeronave se chocara contra os Andes em junho de 1930, enfrentou a tentação de desistir e morrer na neve. No entanto, foi pensando na esposa que teve coragem para se levantar e andar por cinco dias e quatro noites – sem comida, numa temperatura que girava em torno de -40°C.

O amor divino funciona segundo os mesmos princípios do amor humano. É com um só coração que amamos a Deus e todas as outras criaturas. É impossível amar a Deus com um coração «castrado». O Cântico dos Cânticos, no Antigo Testamento, confirma essa visão: o amor está necessariamente alicerçado na dimensão física do ser humano, no corpo do homem e da mulher. Para que possamos amar Deus, é preciso que estejamos *apaixonados* por Ele.

O eros faz-se sempre presente no amor autêntico. O homem é um ser encarnado. O amor verdadeiro, incluindo o amor sobrenatural – isto é, a caridade – não pode se sustentar sem o êxtase.

Esse êxtase é o começo de uma viagem que é o dom do ser. O eros autêntico é o oposto dessa inebriação ególatra e narcisista que provém dos bordéis e *sex shops*. O eros autêntico leva necessariamente ao ágape, ao autossacrifício.

A experiência do amor, seja ele humano ou divino, transforma-nos em seres passionais, alegres, fortes e generosos. Transforma-nos em pessoas fascinantes. A experiência do sexo sem limites, por outro lado, faz-nos seres profundamente frios, egoístas e tristes. Faz-nos pessoas fundamentalmente entediantes.

Um conselho

Lembre-se daqueles momentos privilegiados nos quais você se viu arrebatado pelo amor, nos quais o amor inundou seu coração com uma alegria intensa e exaltou sua dignidade. Contemple esses momentos da sua vida. Limpe sua memória de tudo o que pode fazer de você uma pessoa amarga ou ressentida.

Capítulo 16
Liberdade

Contemplemos a cena do Grande Inquisidor, no romance *Os irmãos Karamázov*, de Dostoiévski – uma das cenas mais brilhantes da história da literatura mundial. Nesse trecho, que ocorre na Sevilha do século XV, o autor imagina que Jesus voltou à Terra para ver de perto a Inquisição Espanhola, esse acontecimento histórico que se opõe de maneira tão contundente aos ensinamentos de Cristo. O Grande Inquisidor manda acorrentar Jesus e O condena à morte:

> Amanhã você será queimado na fogueira. (...) Não foi você quem disse tantas vezes: «Eu quero libertá-los»? Ora, você os viu hoje, esses homens «livres». (...) Essa questão nos custou muito caro. (...) Mas agora nós finalmente a resolvemos. (...) Por quinze séculos nós nos torturamos com essa liberdade, mas agora ela está liquidada. (...) O momento em que esses homens nos trazem sua liberdade e servilmente a depositam diante de nossos pés é justamente aquele em que se sentem mais seguros de serem totalmente livres. (...) Nunca houve nada tão insuportável aos homens e à sociedade humana quanto a liberdade! (...) Eles sabem que jamais poderão ser livres, porque são fracos, perversos, revoltados. (...) Mas

somente alguém que tenha a capacidade de apaziguar a consciência desses homens poderá conquistar a liberdade deles.

O inquisidor permanece em silêncio. Espera que o prisioneiro diga alguma coisa; sente-se oprimido pelo silêncio. O prisioneiro ouviu tudo com ar de resignação e sinceridade, olhando-o diretamente nos olhos, sem esboçar nenhuma reação. O velho queria que ele dissesse algo, mesmo que fosse terrível e amargo. O prisioneiro, no entanto, aproxima-se repentinamente do velho e, sem dizer nada, beija seus lábios brancos e nonagenários. Eis a resposta. O inquisidor estremece.

Ele teve o coração escaldado pelo beijo[1].

Lendo esse relato, compreendemos todo o drama da história moderna. Trata-se de uma história baseada numa afirmação de inédita violência: a liberdade é um fracasso! O homem nunca desejou nada além de satisfazer seus caprichos sem ser perturbado uma vez sequer pela voz da consciência!

Esse é um libelo monstruoso contra a raça humana. O prisioneiro parece se render: não se defende, não se justifica. Mas, com seu gesto final, perturba profundamente a alma do inquisidor: «Ele teve o coração escaldado pelo beijo»...

Eis o beijo da providência divina: «Quero ter filhos, e não escravos!». Eis a experiência da nossa dignidade como filhos de Deus, a qual nos permite compreender e amar a liberdade. Privado da condição de filho, o homem moderno é incapaz de apreender o sentido da liberdade. «O momento em que esses homens nos trazem sua liberdade e servilmente a depositam diante de nossos pés é justamente aquele em que se sentem mais seguros de serem

---

(1) Fiódor Dostoiévski, *Os irmãos Karamázov*, parte II, livro V, cap. V.

totalmente livres» – livres para escolher o que beber e o que comer, se vão fazer amor ou ler uma revista.

«A verdade vos libertará», declara Cristo (Jo 8, 32). Mas qual verdade? A verdade sobre a nossa condição de filhos e filhas de Deus. Um coração consciente de sua dignidade é um coração livre.

A religião é a insurreição mais brutal que se pode imaginar; é o mais intolerável dos levantes contra todo tipo de totalitarismo, tanto os explícitos quanto os ocultos. «A religião», diz São Josemaria Escrivá, «é a maior rebelião do homem que não tolera viver como um animal, que não se conforma – não sossega – se não conhece o Criador, se não procura a sua intimidade. (...) Escravidão ou filiação divina: eis o dilema da nossa vida. Ou filhos de Deus ou escravos da soberba, da sensualidade, desse egoísmo angustiante em que tantas almas parecem debater-se»[2].

Ser filho é revoltar-se contra tudo o que poderia destituí-lo de sua condição de filho; é recusar-se a pertencer à manada e, em vez disso, alistar-se num batalhão de elite composto de homens e mulheres para os quais a liberdade é mais do que apenas uma escolha entre as opções patéticas oferecidas aos residentes de um *spa* de emagrecimento – é uma escolha consciente pelo bem.

Para que nossa afetividade se desenvolva com generosidade e alcance um grau elevado de força e perfeição, devemos aprender a desfrutar de nossa condição de filhos de Deus. Devemos abandonar a ideia de que a religião é uma superestrutura, como uma espécie de cenário artificial, como um acréscimo de última hora. O homem é um ser religioso por natureza, da mesma forma que é, também por natureza, um ser social. A negação da religiosidade natural

---

[2] Josemaria Escrivá, *Amigos de Deus*, Quadrante, São Paulo, 2018, n. 38.

do homem, assim como a negação de sua sociabilidade natural, não advém da ciência, mas da ideologia. É uma mentira que nos diminui, um embuste que degrada o coração.

Um conselho

Tenha consciência de sua dignidade e afirme-a. Não permita que empresários e ideólogos de qualquer estirpe o manipulem, zombem de você ou transformem-no num invólucro vazio – um homem sem passado, sem país, sem família e sem Deus. Aprenda a dizer não. Recuse-se a andar junto com a manada. Cultive dentro de si uma superioridade nobre e saudável.

Capítulo 17
A misericórdia

Contemplemos o afresco *A expulsão de Adão e Eva do Jardim do Éden*, de Masaccio. O coração de Eva está em pedaços. Seu rosto não é mais um rosto: a boca está desfigurada; os olhos se desfazem. Ao desobedecer a Deus, Eva perdera sua dignidade. Perdera sua bondade natural, sua inocência. Em seu coração e seu corpo, ela sente a extensão da própria degradação: a quantidade exata de podridão e estupidez que, graças a ela, serão lançadas contra a humanidade até o fim dos tempos. Eva parece estar gemendo pelo pecado que cometeu. Todavia, não conhece o coração nem a misericórdia divinos. Em vez de se lançar em seus braços paternais para pedir perdão e, de uma vez por todas, colocar um fim a essa história tão triste, ela se recolhe no labirinto da tristeza – uma tristeza que não é contrição, mas amargura.

A contrição sincera constitui o caminho para a paz interior. Nela, nossas misérias deixam de ser um fardo. Deus é pai, e a essência da paternidade é perdoar. Ele perdoa os pecados, mesmo os mais nefastos. Como, no entanto, se pode perdoar quem não pede perdão? O único pecado imperdoável é não reconhecer que pecamos. É o pecado dos fariseus.

A expulsão de Adão e Eva do Jardim do Éden, Masaccio.

A contrição é uma emoção sublime. O filho pródigo, que desperdiça sua herança dando festas com prostitutas, e o rei Davi, que rouba Betsabá e depois manda matar seu esposo Uriel, o hitita (líder do exercício dos hebreus), para esconder o ato de transgressão que cometera – ambos retornam ao Pai com seus corações partidos.

Contemplemos o retrato de Davi assinado pelo pintor espanhol Pedro Berruguete (1490). A expressão de Davi –

antes selvagem e descontrolada, raiz mesma dos vícios do rei – aparece agora como a expressão de um homem transfigurado pela ternura divina.

Um coração estilhaçado é a oferenda mais agradável aos olhos de Deus. Davi é a única pessoa que Deus chamou de «homem segundo o meu coração» (At 13, 22).

Rei Davi, Pedro Berruguete.

A contrição nos faz crescer e ajuda, também, em nossa recuperação:

> *Muitas vezes vimos*
> *Jorrar fogo*
> *De um vulcão inativo*
> *Que achávamos ser velho demais (...)*
> *É como*
> *Um campo arrasado*
> *Dando mais trigo*
> *Que o melhor abril...*

Essas são as brilhantes palavras de Jacques Brel[1].
Dar mais trigo, dar mais fogo... transformar o pecado em vitória. Um coração contrito extrai ímpeto da queda e extrai força da fraqueza.

Dissemos que o único pecado imperdoável é negar nossos pecados. Na realidade, talvez haja mais um: duvidar da misericórdia divina. Trata-se do pecado de Judas Iscariotes. Eva não conhecia o coração de Deus, mas Judas teve a oportunidade de viver três anos ao lado do Deus que se fizera Homem.

Um coração contrito que foi perdoado é um coração que está em paz com Deus, consigo mesmo, com os outros. A experiência da misericórdia nos faz pessoas misericordiosas. Se a experiência de nossa condição de filhos de Deus nos impele à ação e à revolta contra o pecado, a experiência do perdão faz com que sejamos compassivos e compreensivos com os outros, incluindo nossos inimigos. A experiência da misericórdia expande nosso coração e nos torna ca-

---

(1) Jacques Brel, «Ne me quitte pas»: «*On a vu souvent/ Rejaillir le feu/ D'un ancien volcan/ Qu'on croyait trop vieux [...]/ Il est paraît-il/ Des terres brûlées/ Donnant plus de blé/ Qu'un meilleur avril*».

Capítulo 18
O sofrimento

Voltemo-nos para *Homem com uma enxada*, tela de Jean-François Millet. Vemos ali um camponês de grande estatura, exausto de tanto trabalhar no campo. Está apoiado no cabo de uma enxada. Seu nariz é imenso. Suas mãos, enormes. Os tamancos, gigantes. Suas costas estão curvadas, muito embora ele ainda seja jovem. Seu rosto tem a cor da terra. Ele tem os olhos fundos e parece estar olhando em direção a algo distante, mas na verdade não está olhando para nada: antes, está sofrendo. Esse homem poderia ser o Cristo que sustenta nos ombros, com paciência e humildade, os pecados do mundo. Esse homem poderia ser também o proletário de Marx, que «não tem nada a perder senão seus grilhões», ou um daqueles que, dentro de alguns anos, «fará o circo pegar fogo», para usar uma expressão bastante popular entre os «demônios» de Dostoiévski. O sofrimento é o caminho mais curto para o paraíso. E é também o caminho mais curto para o inferno. Na dor, é preciso ter muita humildade para fazer a escolha certa. É nisso que o «homem com uma enxada» de Millet está pensando – inconscientemente.

Todos conhecemos pessoas que cresceram ou encolheram diante do sofrimento. Ficar em paz com o sofrimento e aceitar com nobreza o desafio que ele apresenta é precisamente o caminho que leva à felicidade.

Homem com uma enxada, Jean-François Millet.

Pierre Bézoukhov, Natasha Rostova e Andrei Bolkonsky – personagens principais do romance *Guerra e paz*, de Tolstói – são transfigurados pelo sofrimento. Sua transformação é radical, e a felicidade deles – diante da vida e da morte – é ilimitada.

Sem uma visão religiosa da vida, não podemos apreender o sentido último da dor. Varlam Shalamov e Alexander Soljenítsin retrataram a vida nos campos de concentração soviéticos, mas os retratos que construíram são profundamente distintos. Shalamov, que era ateu, vê o horror e apenas o horror. Soljenítsin, que acreditava em Deus, descobre a grandeza. É a grandeza do homem que apreende o desafio existencial diante do qual ele foi colocado e o faz encarar esse desafio com a cabeça erguida, com toda a força de sua fé, de sua esperança e de seu amor.

O sofrimento é um mistério, um «sacramento». Sentimos vontade de ajoelhar diante dos que já sofreram. Penso nos meus avós, que cresceram na União Soviética. Quando éramos crianças (eu, meu irmão e minha irmã), olhávamos para eles como seres superiores, pois sabíamos o que haviam sofrido ao longo da Primeira Guerra Mundial, da Revolução, da fome, do desaparecimento de seus pais e amigos na Guerra Civil. O sofrimento lhes dava certa beleza. Para nós, eram como seres divinos.

Um coração que sofreu com humildade e paciência é um coração que foi divinizado por uma presença sobrenatural.

«Não, não sou eu quem sofre, mas uma outra pessoa. Eu não seria capaz de sofrer dessa forma»[1]. Essas palavras são de Anna Akhmátova. Em seu desalento – o marido fora morto, o filho único estava num campo de concentração –, a poetisa russa entendeu a amplitude do dom que havia recebido: não era ela quem sofria, e sim Deus que sofria nela. O sofrimento lhe era muito mais do que um simples encontro: tratava-se de uma união, de uma comunhão no mistério mesmo da vida divina.

O homem foi feito para ser amado, e é no sofrimento que esse amor, de forma misteriosa e paradoxal, lhe é comunicado da maneira mais efetiva.

O sofrimento tem um papel privilegiado na educação do coração, mas o coração deve ser suficientemente humilde e maduro para emergir vitorioso do tormento. O sofrimento é uma experiência última, final, escatológica: ele tudo demanda e tudo leva. Todavia, nesse combate corpo a corpo – de violência frequentemente inimaginável –, o coração do homem se expande e diviniza.

---

(1) Anna Akhmátova, *Réquiem*, 3.

Um conselho

A forja do ouro se dá no fogo... Não busque o sofrimento, mas, quando ele se apresentar, não perca sua paz. Receba-o de bom grado. Descubra seu significado mais profundo. Ame-o.

Conclusão

A experiência da beleza, da grandeza, do amor, da liberdade, da misericórdia e do sofrimento expande e eleva nosso coração. Ela o purifica e o faz arder.

O único obstáculo é o orgulho. Um coração orgulhoso não responde a valores transcendentes. Escuta, mas não reage. E, por não reagir, deixa então de escutar.

Um coração humilde está sempre ouvindo. É aberto e receptivo. É repleto de gratidão. É feliz.

Nosso coração se forma quando somos jovens. Por que uma menina de quatro anos é receptiva à beleza e ao amor, ao passo que sua irmã gêmea parece indiferente às realidades transcendentes? É na intimidade do coração da criança que ocorre o primeiro – e, muitas vezes, o mais decisivo – combate entre o bem e o mal, entre a generosidade e o egoísmo. As orientações mais fundamentais de nossa existência são formadas nos primeiros anos de vida, muito antes de a nossa inteligência atingir seu funcionamento pleno.

Um coração humilde é um coração aberto à transcendência. Um coração orgulhoso é um coração fechado em si. Para o coração humilde, a vida é uma descoberta. Para o orgulhoso, a vida não passa de autoafirmação.

Direção geral
Renata Ferlin Sugai

Direção editorial
Hugo Langone

Produção editorial
Gabriela Haeitmann
José Pedro Moraes

Revisão
Juliana Amato

Capa
Douglas Catisti

Diagramação
Sérgio Ramalho

ESTE LIVRO ACABOU DE SE IMPRIMIR
A 20 DE DEZEMBRO DE 2024,
EM PAPEL POLÉN BOLG 90 g/m².